Genussmomente

Weihnachts MENÜS

EMF

EIN BUCH DER
EDITION MICHAEL FISCHER

INHALTS-VERZEICHNIS

MENÜ FÜR FLEISCHLIEBHABER 4

Für ein perfektes Timing 5

Rindertatar mit Parmesan-Creme und Parmesan-Chips 6

Süßkartoffel-Ravioli mit geschmortem Rind und Orangen-Gremolata 8

Tonkabohnen-Pannacotta mit Glühweinpflaumen und Spekulatius 12

Orangen-Granatapfel-Bourbon mit Rosé Prosecco 14

MENÜ AUS DEM MEER 16

Für ein perfektes Timing 17

Thunfischtatar mit Wasabi-Creme, Gurkensalat und Crostini 18

Knuspriger Zander auf zweierlei Pastinakenpüree 20

Bratapfel-Tiramisu mit kandiertem Ingwer 22

Limoncello-Spritz 24

VEGETARISCHE WEIHNACHTEN 26

Für ein perfektes Timing 27

Maronensuppe mit weihnachtlichem Topping 28

Blätterteigküchlein mit Maronen und Ziegenkäse auf Pilzrahm 30

Lebkuchen-Creme mit Schoko-Karamell-Swirl und Amarettini 34

Amaretto-Drink 36

VEGANE WEIHNACHTEN 38

Für ein perfektes Timing 39

Fenchelsalat mit Orange, Granatapfel und Pistazien-Creme 40

Möhrennudel-Salat mit Erdnüssen, Hummus und Maisscheiben 42

Weihnachtliche Bliss Balls mit Orangenschale 46

Birne-Salbei-Drink mit Champagner 48

MENÜ FÜR GROSS & KLEIN 50

Für ein perfektes Timing 51

Weihnachtsbaum-Pizza mit Spinat-Füllung 52

Rinderbraten mit Rotkohl und (Käse-)Kräuterspätzle 56

Lebkuchen-Pudding mit Spekulatiusbröseln 60

Pflaumen-Anis-Limo mit Champagner 62

MENÜ FÜR FLEISCHLIEBHABER

Mit Weihnachten verbinden viele ein reichhaltiges Menü mit edlem Fleisch. Hier findet ihr eine spannende und neue Interpretation eines solchen Weihnachtsessens.

VORSPEISE

Rindertatar mit Parmesan-Creme und Parmesan-Chips

HAUPTGANG

Süßkartoffel-Ravioli mit geschmortem Rind und Orangen-Gremolata

DESSERT

Tonkabohnen-Pannacotta mit Glühweinpflaumen und Spekulatius

GETRÄNK

Orangen-Granatapfel-Bourbon mit Rosé Prosecco

Menü-Variation

Das Menü für Fleischliebhaber besticht durch raffinierte und aromenreiche Zusammenstellungen und Beilagen. Ihr könnt aus dem Menü auch ganz einfach eine größere „Variation vom Rind" machen, indem ihr den Hauptgang als kleinen Zwischengang serviert und stattdessen den Hauptgang vom Menü für Groß & Klein, Rinderbraten mit Rotkohl und (Käse-)Kräuterspätzle, zubereitet.

FÜR EIN PERFEKTES TIMING

AM VORTAG

1. Das geschmorte Rind für den Hauptgang zubereiten und im Kühlschrank aufbewahren.
2. Für das Dessert die Tonkabohnen-Pannacotta und die Glühweinpflaumen zubereiten und im Kühlschrank aufbewahren.
3. Eiswürfel für den Drink vorbereiten.
4. Den Prosecco für den Drink kühl stellen.

AM FESTTAG

1. Die Süßkartoffel-Ravioli für den Hauptgang zubereiten und im Kühlschrank aufbewahren.
2. Den Orangen-Granatapfel-Bourbon zubereiten und im Kühlschrank aufbewahren.

1–2 STUNDEN VORHER

1. Die Spekulatius für das Dessert zerbröseln.
2. Die Parmesan-Creme für die Vorspeise zubereiten und im Kühlschrank aufbewahren.
3. Die Parmesan-Chips für die Vorspeise zubereiten und luftdicht verschlossen aufbewahren, damit sie knusprig bleiben.

KURZ BEVOR DIE GÄSTE KOMMEN

1. Das Rindertatar für die Vorspeise zubereiten.
2. Die Orangen-Gremolata zubereiten und luftdicht verschlossen aufbewahren.

À LA MINUTE

1. Wenn die Gäste da sind: Den Drink aufgießen und servieren.
2. Die Vorspeise (Rindertatar, Parmesan-Creme, Parmesan-Chip) anrichten und servieren.
3. Für den Hauptgang das geschmorte Rind sanft erhitzen.
4. Die Süßkartoffel-Ravioli in etwas Butter anbraten.
5. Den Hauptgang servieren (Süßkartoffel-Ravioli, Rind in Five-Spice-Reduktion, Orangen-Gremolata).
6. Das Dessert (Tonkabohnen-Pannacotta, Glühweinpflaumen, Spekulatius) anrichten und servieren.

RINDERTATAR

mit Parmesan-Creme und Parmesan-Chips

FÜR 4 PERSONEN

Für die Chips

- 20 g Parmesan
- ¼ TL rosenscharfes Paprikapulver
- 4 Blättchen Petersilie

Für die Parmesan-Creme

- 50 g Parmesan
- 190 g Joghurt
- 10 g scharfer Senf
- 2 EL Essig
- Salz

Für das Rindertatar

- 300 g sehr frisches Rinderfilet
- 2 EL Kapern
- ¼ Bund glatte Petersilie
- 1 Bio-Zitrone
- Cayennepfeffer
- Salz, frisch gemahlener schwarzer Pfeffer
- 1 EL Olivenöl

SO GEHT'S

1 Den Ofen auf 200 °C (Ober-/Unterhitze) vorheizen und ein Backblech mit Backpapier auslegen.

2 Für die Parmesan-Chips den Parmesan fein reiben, mit dem Paprikapulver mischen und 4 kleine Häufchen mit großem Abstand auf das Backpapier geben. Mit den Fingern sanft platt drücken und zu Kreisen formen. Im vorgeheizten Ofen (Mitte) 2 Minuten backen. Herausnehmen und die Petersilienblätter in die Parmesan-Chips drücken. Weitere 2 Minuten im Ofen backen, bis die Chips goldgelb sind. Auskühlen lassen. Luftdicht verschlossen aufbewahren.

3 Für die Parmesan-Creme den Parmesan fein reiben. Joghurt mit Senf, Essig und Parmesan in einen Messbecher geben und mit dem Stabmixer zu einer feinen Creme mixen. Mit 1 Prise Salz würzen.

4 Für das Tatar das Rinderfilet in sehr feine Würfelchen schneiden. Die Kapern grob hacken. Die Petersilie waschen, trocken tupfen und fein hacken. Die Zitrone heiß waschen und die Schale fein abreiben. Kapern, Petersilie und Zitronenschale unter das Rinderfilet mischen. Mit 1 Prise Cayennepfeffer sowie Salz und Pfeffer nach Belieben würzen. Mit dem Olivenöl beträufeln.

5 Die Parmesan-Creme auf Teller verteilen, das Tatar draufgeben und mit den Parmesan-Chips garnieren.

SÜSSKARTOFFEL-RAVIOLI

mit geschmortem Rind und Orangen-Gremolata

FÜR 4 PERSONEN

Für das Fleisch
- 450 g Roastbeef
- 1 TL Öl
- 3 TL schwarze Bohnenpaste (Asienladen)
- 600 ml Brühe
- 3 TL Five-Spice-Gewürz

Für den Ravioliteig
- 100 g Hartweizengrieß
- 100 g Mehl (Type 405)
- 2 TL Currypulver
- 2 EL Butter

Für die Füllung
- 150 g Süßkartoffel
- ¼ TL Currypulver
- ¼ TL Chili-Paprika-Flocken
- Salz
- 15 g frischer Ingwer
- 1 Frühlingszwiebel

SO GEHT'S

1 Für das geschmorte Rind das Fleisch in mundgerechte Würfel schneiden. Das Öl in einem Topf erhitzen und das Fleisch darin bei hoher Hitze von allen Seiten scharf anbraten. Die Bohnenpaste unterrühren, Brühe und Gewürze-Pulver hinzufügen. Die Temperatur reduzieren und alles abgedeckt bei niedriger Hitze etwa 2 Stunden köcheln lassen, bis die Fleischwürfel zart sind und fast zerfallen. Den Deckel abnehmen und die Flüssigkeit etwa 5 Minuten einköcheln lassen, bis die Sauce angedickt ist.

2 In der Zwischenzeit für den Nudelteig Grieß, Mehl und Currypulver in einer Schüssel mischen und 100 ml Wasser hinzufügen. Zu einem glatten, elastischen Teig kneten. Den Teig in Frischhaltefolie wickeln und im Kühlschrank 1 Stunde ruhen lassen.

3 Für die Füllung die Süßkartoffel schälen und fein würfeln. In Salzwasser 5–10 Minuten weich kochen, dann abgießen, gut ausdampfen lassen. Die Süßkartoffeln in einen hohen Becher geben und mit dem Stabmixer pürieren. Mit Currypulver, Chili-Paprika-Flocken und 1 Prise Salz würzen. Den Ingwer schälen und fein reiben. Die Frühlingszwiebel zunächst in feine Ringe schneiden und dann hacken. Beides unter das Süßkartoffelpüree rühren.

WEITER GEHT'S AUF DER NÄCHSTEN SEITE

Für die Gremolata

- 30 g Toastbrot
- 2 TL Butter
- Salz
- ½ Bund glatte Petersilie
- 1 Bio-Orange

Außerdem

- Mehl für die Arbeitsfläche
- Nudelmaschine
- runder Ausstecher (Ø 6 cm)

4 Eine Arbeitsplatte mit Mehl bestäuben. Den Nudelteig aus dem Kühlschrank nehmen, in 2 Teile teilen und mit einer Nudelmaschine zu zwei langen Bahnen ausrollen. Eine Teigbahn mit Süßkartoffelfüllung belegen. Dazu Portionen von je 1 kleinen TL der Füllung mit etwa 6 cm Abstand nebeneinander auf eine Bahn setzen. Mit einem Pinsel etwas Wasser rund um die Füllung auftragen. Die zweite Teigbahn auf die erste legen und um die Füllung herum sorgfältig andrücken. Dann mit einem runden Ausstecher Ravioli ausstechen. Die Ravioli einzeln in die Hand nehmen und die Ränder nochmals andrücken, dabei die letzten Luftbläschen sanft mit Daumen und Zeigefinger herausdrücken. Teigreste kurz durchkneten, erneut ausrollen und ebenfalls wie beschrieben füllen. Insgesamt sollten etwa 20 Ravioli entstehen.

5 Die Ravioli in kräftig gesalzenem Wasser etwa 1–2 Minuten al dente kochen. Sie sind gar, wenn sie an die Wasseroberfläche steigen. Herausnehmen und abtropfen lassen. Einen großen Teller mit Klarsichtfolie belegen und die Ravioli mit etwas Abstand zueinander auf die Folie legen. Mit einer weiteren Folie abdecken und im Kühlschrank aufbewahren.

6 Für die Gremolata das Toastbrot in etwa 1 cm große Würfel schneiden und in der Butter rundherum knusprig braten. Mit 1 Prise Salz würzen, herausnehmen und leicht auskühlen lassen. Die Petersilie waschen, trocken schleudern und fein hacken, die Orangenschale fein abreiben. Petersilie und Orangenschale unter die Brotwürfel mischen.

7 Kurz bevor das Fleisch fertig ist, die Butter in einer Pfanne erhitzen, die Ravioli darin schwenken und mit 1 Prise Salz würzen. Die Ravioli und das Fleisch mit der Five-Spice-Reduktion auf Teller verteilen und mit der Orangen-Petersilien-Gremolata garnieren.

TONKABOHNEN-PANNACOTTA

mit Glühweinpflaumen und Spekulatius

FÜR 4 PERSONEN

Für die Tonkabohnen-Pannacotta

- 3 Blätter Gelatine
- 2 Vanilleschoten
- ½ Tonkabohne
- 500 g Sahne
- 170 g Zucker

Für die Glühwein-pflaumen

- 2 Pflaumen
- 2 TL Butter
- 70 g Puderzucker
- 1 Sternanis
- 4 Pimentkörner
- ½ TL Lebkuchengewürz
- 4 EL Rotwein
- 4 Spekulatius

SO GEHT'S

1 Für die Panna cotta die Gelatine in Wasser einweichen. Die Vanilleschoten längs halbieren und das Vanillemark herauskratzen. Die Tonkabohne reiben. Die Sahne mit Zucker, Vanillemark und Tonkabohne in einen Topf geben, aufkochen lassen und vom Herd nehmen. Die Gelatine ausdrücken und in die heiße Sahne rühren. Gut verrühren und in 4 Gläschen füllen. Über Nacht im Kühlschrank fest werden lassen.

2 Die Pflaumen waschen und fein würfeln. Mit Butter, Puderzucker, den Gewürzen und dem Rotwein in einen kleinen Topf geben und 10 Minuten sanft köcheln lassen, bis die Konsistenz dickflüssig ist. Abkühlen lassen.

3 Die Spekulatius in einen Gefrierbeutel geben und beispielsweise mit einem Fleischklopfer zu feinen Bröseln verarbeiten.

4 Die Glühweinpflaumen auf die Panna cotta geben und mit den Spekulatiusbröseln garnieren.

ORANGEN-GRANATAPFEL-BOURBON

mit Rosé Prosecco

FÜR 4 PERSONEN

- 120 ml Bourbon
- 120 ml Orangensaft
- 140 ml Granatapfelsaft
- 100 ml Kirschsaft
- Eiswürfel
- 0,75 l Rosé Prosecco (eisgekühlt)
- 1 Bio-Orange
- 4 EL Granatapfelkerne

SO GEHT'S

1 Den Bourbon mit Orangen-, Granatapfel- und Kirschsaft mischen und 1 Stunde in den Kühlschrank stellen.

2 Eiswürfel in Gläser geben, den Orangen-Granatapfel-Bourbon in die Gläser geben und mit kaltem Prosecco aufgießen. Die Orange abwaschen und in Scheiben schneiden. Jedes Glas mit einer Orangenscheibe und einigen Granatapfelkernen garnieren.

MENÜ AUS DEM MEER

Ein Fischmenü ist eine wunderbar leichte Variante für ein Weihnachtsessen mit der ganzen Familie. Alle werden von den zarten und aromenreichen Gerichten begeistert sein.

VORSPEISE

Thunfischtatar mit Wasabi-Creme, Gurkensalat und Crostini

HAUPTGANG

Knuspriger Zander auf zweierlei Pastinakenpüree

DESSERT

Bratapfel-Tiramisu mit kandiertem Ingwer

GETRÄNK

Limoncello-Spritz

Menü-Variation

Für diejenigen, die keinen rohen Fisch mögen, kann das Thunfischtatar wunderbar gegen geräucherten Thunfisch ausgetauscht oder stattdessen auch die Vorspeise von Vegane Weihnachten, Fenchelsalat mit Orange, Granatapfel und Pistazien-Petersilien-Creme, zubereitet werden.

FÜR EIN PERFEKTES TIMING

AM VORTAG

1. Für den Hauptgang die Haselnüsse rösten und luftdicht verschlossen aufbewahren.
2. Die Zutaten für den Drink kalt stellen.
3. Eiswürfel für den Begrüßungsdrink vorbereiten.

AM FESTTAG

1. Das Pastinakenpüree für den Hauptgang zubereiten, jedoch noch ohne Petersilie.
2. Etwa 3–4 Stunden vor dem Eintreffen der Gäste das Bratapfel-Tiramisu zubereiten und in den Kühlschrank stellen.

1–2 STUNDEN VORHER

1. Für die Vorspeise den Gewürzschmand für den Gurkensalat zubereiten, die Gurke aber noch nicht unterheben. Den Schmand im Kühlschrank aufbewahren.
2. Die Wasabi-Creme für das Thunfischtatar zubereiten und im Kühlschrank aufbewahren.
3. Die Crostini für die Vorspeise rösten und luftdicht aufbewahren.

À LA MINUTE

1. Wenn die Gäste eintreffen: Den Drink mixen und servieren.
2. Für die Vorspeise den Gurkensalat fertig stellen.
3. Das Thunfischtatar zubereiten.
4. Die Vorspeise (Thunfischtatar, Wasabi-Creme, Gurkensalat) anrichten und servieren.
5. Für den Hauptgang das Pastinakenpüree erhitzen.
6. Das Pastinaken-Petersilien-Püree zubereiten.
7. Den Zander zubereiten.
8. Den Hauptgang (Zander, zweierlei Pastinakenpüree, Haselnüsse) anrichten und servieren.
9. Das Dessert (Bratapfel-Tiramisu) servieren.

THUNFISCHTATAR

mit Wasabi-Creme, Gurkensalat und Crostini

FÜR 4 PERSONEN

Für den Gurkensalat
- 15 g frischer Ingwer
- ½ Bund Koriandergrün
- 1 Bio-Limette
- 2 EL Schmand, Salz
- 1 Bio-Salatgurke

Für die Wasabi-Creme
- 1 Avocado
- 3 TL Wasabi
- 2 TL Zitronensaft

Für die Crostini
- etwa 10 cm Baguette
- 2 EL Butter

Für das Thunfischtatar
- 2 Bio-Limetten
- 2 TL Olivenöl
- ½ TL grob gemahlener schwarzer Pfeffer, Salz
- 200 g Thunfisch (Sashimi-Qualität)

Außerdem
- Spiralschneider

SO GEHT'S

1 Für den Gurkensalat den Ingwer schälen und fein reiben. Den Koriander waschen, trocken schütteln und mitsamt den Stielen fein hacken. Die Limette halbieren, eine Hälfte auspressen. Den Schmand mit dem Saft und ¼ TL Salz verrühren. Die zweite Limettenhälfte in dünne Scheiben schneiden und beiseitestellen. Ingwer und Koriander unter den Schmand heben. Die Gurke waschen, trocken tupfen und mithilfe eines Spiralschneiders in Spiralen schneiden. Abgedeckt beiseitestellen.

2 Für die Wasabi-Creme die Avocado halbieren, entkernen, das Fruchtfleisch auslösen und in einen hohen Becher geben. Wasabi und Zitronensaft hinzugeben und mit dem Stabmixer fein pürieren.

3 Für die Crostini das Brot in hauchdünne Scheiben schneiden und in Butter von beiden Seiten goldgelb rösten.

4 Für das Thunfischtatar die Limetten waschen und die Schale fein abreiben, den Saft auspressen. Limettensaft und -schale mit Olivenöl, Pfeffer und 1 Prise Salz verrühren. Den Thunfisch in feine Würfelchen schneiden. Unmittelbar vor dem Anrichten mit dem Dressing mischen.

5 Kurz vor dem Servieren die Gurkenspiralen unter den Schmand heben. Den Gurkensalat auf Tellern anrichten. Das Tatar auf den Gurken platzieren und mit Limettenscheiben, Brotchips und Wasabi-Creme garnieren.

KNUSPRIGER ZANDER

auf zweierlei Pastinakenpüree

FÜR 4 PERSONEN

Für das Pastinakenpüree

- 1,2 kg Pastinaken
- 140 g Butter
- Meersalz
- 1 Msp. frisch geriebene Muskatnuss
- 1 Bund glatte Petersilie

Für den Zander

- 40 g Haselnusskerne
- 600–800 g Zanderfilet (mit Haut)
- 4 Zweige Thymian
- 2 EL Butter
- 4 Knoblauchzehen (ungeschält)

SO GEHT'S

1 Für das Pastinakenpüree die Pastinaken schälen, würfeln und in Salzwasser etwa 15 Minuten weich kochen. Die Pastinaken abgießen und mit Butter, 1 ½ TL Salz und Muskatnuss pürieren. Die Petersilie waschen und trocken schütteln. Mitsamt den Stielen grob hacken. Die Hälfte des Pürees nochmals mit Petersilie pürieren, bis ein grünes Püree entsteht.

2 Für den Zander die Haselnusskerne grob hacken und in einer Pfanne ohne Fett rösten, bis sie duften.

3 Den Zander in 4 Stücke schneiden. Den Thymian waschen und trocken schütteln. Die Butter in einer heißen Pfanne zerlassen und den ungeschälten Knoblauch und Thymian darin bei niedriger Hitze 5 Minuten schwenken. Herausnehmen. Den Zander mit der Hautseite nach unten bei mittlerer Hitze 3–4 Minuten in der Butter braten, bis die Haut kross ist. Wenden und nochmals 1 Minute braten, bis der Fisch gar ist.

4 Auf jeden Teller zunächst etwas weißes Püree und darauf grünes Püree geben. Je 1 Zanderfilet aufsetzen. Mit Knoblauch, Thymian und gerösteten Haselnüssen garnieren.

BRATAPFEL-TIRAMISU

mit kandiertem Ingwer

FÜR 4 PERSONEN

- 200 g Apfel (z. B. Braeburn)
- 80 g kandierter Ingwer
- 40 g Mandeln
- 2 TL Butter
- 4 EL Zucker
- ½ TL gemahlener Zimt
- 500 g Mascarpone
- 160 g Puderzucker
- etwas Backkakao (nach Belieben)

SO GEHT'S

1 Den Apfel waschen, putzen und in etwa 2 cm große Würfel schneiden. Den Ingwer fein hacken, die Mandeln hacken. Die Butter in einer Pfanne zerlassen und die Apfelwürfel darin anbraten. Zucker, Zimt, Ingwer, Mandeln und 4 EL Wasser hinzufügen und alles in der Pfanne andünsten.

2 Die Mascarpone mit dem Puderzucker glatt rühren. In 4 kleine Gläschen abwechselnd Mascarponecreme und Bratapfelwürfel schichten. Nach Belieben mit Kakaopulver bestäuben.

LIMONCELLO-
Spritz

FÜR 4 PERSONEN

- 150 ml Limoncello
- 200 ml Tonic Water (eisgekühlt)
- 400 ml Prosecco (eisgekühlt)
- 150 ml Mineralwasser (eisgekühlt)
- 15 Eiswürfel
- 1 Bio-Limette (alternativ Bio-Zitrone)

SO GEHT'S

1 Den Limoncello mit Tonic Water, Prosecco und Mineralwasser sowie ein paar Eiswürfeln gut verrühren. Die Limette oder Zitrone in Scheiben schneiden.

2 In jedes Glas 2 Eiswürfel geben, den Drink durch ein Sieb eingießen und mit Limette oder Zitrone garnieren.

VEGETARISCHE WEIHNACHTEN

Ein Weihnachtsmenü kann auch ohne Fleisch köstlich sein. Die Gerichte, die in diesem vegetarischen Menü zusammengestellt sind, lassen auch bei Fleischliebhabern keine Wünsche offen.

VORSPEISE

Maronensuppe mit weihnachtlichem Topping

HAUPTGANG

Blätterteigküchlein mit Maronen und Ziegenkäse auf Pilzrahm

DESSERT

Lebkuchencreme mit Schoko-Karamell-Swirl und Amarettini

GETRÄNK

Amaretto-Drink

Menü-Variation

Maronen sind nicht so euer Geschmack? Kein Problem! Ihr könnt für die Vorspeise z. B. Champignons oder eine andere Gemüsesorte eurer Wahl nehmen. Für den Hauptgang einfach anstatt Maronen Süßkartoffeln verwenden. Wer einen fruchtigeren Nachtisch bevorzugt, kann das Dessert mit dem Bratapfel-Tiramisu mit kandiertem Ingwer aus dem Menü aus dem Meer ersetzen.

FÜR EIN PERFEKTES TIMING

AM VORTAG

1. Cranberrysaft und Wodka für den Begrüßungsdrink kühl stellen.
2. Die Eiswürfel für den Drink vorbereiten.

AM FESTTAG

1. Die Maronensuppe zubereiten und im Kühlschrank aufbewahren.
2. Für das Topping Apfelchips, Mandeln und Rosinen vorbereiten, anschließend luftdicht verschlossen aufbewahren.
3. Für das Dessert die Mascarpone-Lebkuchen-Creme zubereiten.
4. Den Karamell für das Dessert zubereiten.
5. Die Amarettini zerbröseln und luftdicht verschlossen aufbewahren.

1–2 STUNDEN VORHER

1. Für den Hauptgang den Pilz-Rosmarin-Rahm zubereiten und im Kühlschrank aufbewahren.
2. Etwa 30 Minuten vor Eintreffen der Gäste die Blätterteigküchlein zubereiten, garen und warm halten.

À LA MINUTE

1. Sobald die Gäste da sind: Den Drink mixen und servieren.
2. Die Maronensuppe erhitzen und die Vorspeise (Maronensuppe, Apfelchips, Mandeln, Rosinen und Thymian) servieren.
3. Für den Hauptgang den Pilz-Rosmarin-Rahm erhitzen und den Hauptgang (Blätterteigküchlein, Pilz-Rosmarin-Rahm) servieren.
4. Für das Dessert die Schokolade schmelzen.
5. Das Dessert (Mascarpone-Lebkuchen-Creme, Schoko-Karamell-Swirl, Amarettini) fertigstellen und servieren.

MARONENSUPPE
mit weihnachtlichem Topping

FÜR 4 PERSONEN

Für die Suppe
- 2 Knoblauchzehen
- 1 EL Butter
- 500 g gegarte Maronen
- 800 g Sahne
- 800 ml Gemüsebrühe
- 4 Zweige Thymian
- ½ TL gemahlener Zimt

Für das Topping
- 1 kleiner roter Apfel (z. B. Braeburn)
- 1 TL Butter
- 1½ EL Honig
- 20 g Mandeln
- 30 g Rosinen
- 4 Zweige Thymian

SO GEHT'S

1 Für die Suppe die Knoblauchzehen schälen und fein hacken. Die Butter in einer Pfanne zerlassen und die Maronen mit dem Knoblauch bei mittlerer Hitze 2 Minuten darin anbraten. Mit Sahne und Brühe ablöschen. Die Thymianzweige waschen und trocken schütteln, mit dem Zimt in die Suppe geben und alles 5 Minuten sanft köcheln lassen. Anschließend den Thymian entfernen und die Suppe mit dem Stabmixer fein pürieren.

2 Für das Topping den Apfel waschen und trocken tupfen. Das Kerngehäuse mit einem Apfelausstecher entfernen. Den Apfel dann quer zum Kerngehäuse in hauchdünne Scheiben schneiden oder hobeln. Die Butter in einer Pfanne zerlassen und die Scheiben bei mittlerer Hitze darin braten. Mit 1 EL Honig karamellisieren. Herausnehmen und auf Backpapier trocknen lassen.

3 Die Mandeln grob hacken und in einer Pfanne ohne Fett bei niedriger Hitze 1–2 Minuten unter Rühren rösten. Die Rosinen und den ½ TL Honig hinzufügen und karamellisieren lassen.

4 Kurz vor dem Servieren die Thymianzweige waschen und trocken schütteln. Die Suppe in kleine Schalen füllen und mit den Apfelscheiben, Mandeln, Rosinen und Thymianzweigen anrichten.

16.8 oz

BLÄTTERTEIG-KÜCHLEIN

mit Maronen und Ziegenkäse auf Pilzrahm

FÜR 4 PERSONEN

Für die Blätterteigküchlein

- 550 g Lauch
- 2 EL Butter
- Meersalz
- ½ TL Cayennepfeffer
- 4 Knoblauchzehen
- 250 g gegarte Maronen
- 150 g Spinat
- 1 Msp. frisch geriebene Muskatnuss
- 200 g Ziegenfrischkäse
- 60 g Honig
- 600 g Blätterteig (Kühlregal)
- Öl zum Einfetten der Formen
- 2 EL Milch

SO GEHT'S

1 Für die Blätterteigküchlein den Ofen auf 180 °C (Ober-/Unterhitze) vorheizen.

2 Für die Füllung den Lauch waschen, putzen und in dünne Ringe schneiden. Die Butter in einer Pfanne zerlassen und den Lauch darin andünsten. Mit 1 TL Salz und Cayennepfeffer würzen. Den Knoblauch schälen, fein hacken und zum Lauch geben. Die Maronen hinzufügen. Den Spinat waschen, trocken schleudern und in die Pfanne geben. Alles unter gelegentlichem Rühren in der Pfanne garen, bis der Spinat eingefallen ist. Kräftig mit Muskat abschmecken und vom Herd nehmen. Den Ziegenkäse mit Honig glatt rühren. Sobald das Gemüse etwas abgekühlt ist, mit dem Ziegenkäse verrühren.

3 Acht Kreise mit einem Durchmesser von 8 cm aus dem Blätterteig ausschneiden. Die vier Tarteformen einfetten. Jeweils einen Blätterteigkreis hineinlegen, mit Backpapier belegen und Hülsenfrüchte zum Blindbacken daraufgeben. Die Tartes im Ofen (Mitte) 5 Minuten backen.

4 Wer möchte, kann in der Zwischenzeit aus dem restlichen Blätterteig Formen zum Dekorieren der Tartes ausstechen oder ausschneiden.

WEITER GEHT'S AUF DER NÄCHSTEN SEITE

Für den Rosmarin-Pilzrahm

- 550 g Pilze (gemischt, z. B. Champignons und Kräuterseitlinge)
- 1 EL Butter
- 200 g Sahne
- 2 Zweige Rosmarin
- Meersalz

Außerdem

- 4 kleine Tarteformen (Ø 8 cm)
- Hülsenfrüchte zum Blindbacken

5 Die Tartes aus dem Ofen nehmen. Die Füllung auf die Formen verteilen, die Teigränder mit etwas Milch bepinseln und mit den restlichen Teigkreisen abdecken. Die Ränder dabei leicht zusammendrücken. Die Blätterteigküchlein mit etwas Milch bepinseln und nach Belieben mit ausgestochenen Formen verzieren. Im Ofen (Mitte) etwa 20 Minuten goldgelb backen.

6 In der Zwischenzeit für den Pilz-Rosmarin-Rahm die Pilze putzen und in Scheiben schneiden. Die Butter in einer Pfanne erhitzen und die Pilze darin 3–4 Minuten braten. Mit Sahne ablöschen. Den Rosmarin waschen, trocken schütteln und die Nadeln abzupfen. Mit ½ TL Salz zur Pilz-Sahne geben und alles 3–4 Minuten köcheln lassen, bis die Sauce leicht angedickt ist.

7 Den Rosmarin-Pilzrahm auf Tellern verteilen und die goldgelben Blätterteigküchlein daraufsetzen.

LEBKUCHEN-CREME

mit Schoko-Karamell-Swirl und Amarettini

FÜR 4 PERSONEN

Für die Mascarpone-Lebkuchen-Creme

- 320 g Mascarpone
- 100 g Puderzucker
- 200 g Sahne
- ½ TL Lebkuchengewürz

Für den Schoko-Karamell-Swirl

- 200 g Zucker
- 250 g Sahne
- Meersalz
- 50 g Butter
- 100 g Kuvertüre

Für die Brösel

- 12 Amarettini

SO GEHT'S

1 Für die Mascarpone-Lebkuchen-Creme die Mascarpone mit dem Puderzucker glatt rühren. Die Sahne mit dem Lebkuchengewürz steif schlagen und vorsichtig unter die Mascarpone heben.

2 Für den Swirl den Zucker ohne rühren in einem Topf bei mittlerer Hitze karamellisieren lassen, bis er zu goldgelbem Karamell geworden ist. Dann mit der Sahne ablöschen. Vorsicht, es spritzt und schäumt! Rühren, bis sich der Zucker vollständig gelöst hat. Leicht reduzieren, dann zuerst ¼ TL Meersalz und danach die Butter einrühren, bis sie geschmolzen ist. Den fertigen Karamell abkühlen lassen.

3 Die Kuvertüre über einem Wasserbad schmelzen und leicht abkühlen lassen.

4 Für die Brösel die Amarettini in einen Gefrierbeutel geben und beispielsweise mit einem Fleischklopfer zerbröseln.

5 Zum Servieren die Mascarpone-Lebkuchen-Creme auf Gläser verteilen. Erst die Schokolade, dann den Karamell mit einem Löffel unterziehen und mit den Amarettini-Böseln garnieren.

AMARETTO-
Drink

FÜR 4 PERSONEN

- 1 große Orange
- 400 ml Cranberrysaft (eisgekühlt)
- 200 ml Wodka (eisgekühlt)
- 100 ml Amaretto
- Eiswürfel
- 4 Physalis

Außerdem
- Shaker

SO GEHT'S

1 Den Saft der Orange auspressen. Den Cranberrysaft mit Wodka, Amaretto und dem Orangensaft in einenShaker mit einer Handvoll Eiswürfel geben und shaken.

2 Zum Servieren den Drink auf 4 Gläser verteilen und mit Physalis dekorieren.

VEGANE WEIHNACHTEN

Weihnachten ist die Zeit, in der man sich und seine Lieben verwöhnt. Mit tollen Momenten, lieben Worten und köstlichem Essen. Dass das auch auf rein pflanzlicher Basis toll funktioniert, zeigt dieses Menü – köstliche Geschmacksmomente sind hier garantiert.

VORSPEISE

Fenchelsalat mit Orange, Granatapfel und Pistazien-Creme

HAUPTGANG

Möhrennudel-Salat mit Erdnüssen, Hummus und Maisscheiben

DESSERT

Weihnachtliche Bliss Balls mit Orangenschale

GETRÄNK

Birne-Salbei-Drink mit Champagner

Menü-Variation

Ihr findet das vegane Weihnachtsmenü toll, braucht aber im Hauptgang etwas Reichhaltigeres? Wie wäre es mit den Blätterteigküchlein mit Maronen und Ziegenkäse auf Pilzrahm von Vegetarische Weihnachten. Einfach Frischkäse und Sahne durch Soja- oder Hafer-Alternativen ersetzen und veganen Blätterteig kaufen.

FÜR EIN PERFEKTES TIMING

AM VORTAG

1. Den Birne-Salbei-Sirup für den Drink zubereiten. In einem geschlossenen Glasgefäß aufbewahren.
2. Den Champagner für den Begrüßungsdrink kühl stellen.
3. Eiswürfel für den Drink vorbereiten.

AM FESTTAG

1. Für die Vorspeise die karamellisierten Orangen zubereiten und luftdicht verschlossen aufbewahren.
2. Für den Hauptgang den Hummus zubereiten und kühl aufbewahren.
3. Die Bliss Balls fürs Dessert zubereiten und luftdicht verschlossen aufbewahren.

1–2 STUNDEN VORHER

1. Für die Vorspeise die Pistazien-Petersilien-Creme vorbereiten.
2. Den Hauptgang zubereiten, aber noch nicht anrichten.

À LA MINUTE

1. Wenn die Gäste da sind: Den Drink aufgießen, garnieren und servieren.
2. Den Fenchelsalat für die Vorspeise zubereiten.
3. Die Vorspeise (Fenchelsalat, karamellisierte Orangen, Pistazien-Creme, Granatapfel, Pistazien) anrichten und servieren.
4. Den Hummus aus dem Kühlschrank nehmen, damit er Zimmertemperatur annimmt.
5. Die Maisscheiben für den Hauptgang rösten.
6. Den Hauptgang (Möhrennudel-Salat, Hummus, Maisscheiben) anrichten und servieren.
7. Das Dessert (Bliss Balls) servieren.

FENCHELSALAT
mit Orange, Granatapfel und Pistazien-Creme

FÜR 4 PERSONEN

Für die Pistazien-Creme
- 2 EL geröstete und gesalzene Pistazienkerne
- 120 g Soja-Joghurtalternative
- ½ Bund glatte Petersilie
- Salz (nach Belieben)

Für den Fenchelsalat
- 1 kleine Bio-Orange
- 30 g Zucker
- 1 kleine Fenchelknolle
- 1 EL Olivenöl
- Meersalz
- ½ Bund glatte Petersilie
- ½ Granatapfel
- 4 EL geröstete und gesalzene Pistazienkerne

SO GEHT'S

1 Für die Pistazien-Creme die Pistazien mit dem Joghurt in einen hohen Becher geben. Die Petersilie waschen, trocken schütteln und Blätter sowie Stiele grob hacken. Ebenfalls in den Becher geben und alles mit dem Stabmixer zu einer feinen Creme pürieren. Je nach Salzgehalt der Pistazien eventuell noch etwas salzen.

2 Die Orange waschen und in 4 dünne Scheiben schneiden. Den Zucker mit 30 ml Wasser in eine Pfanne geben, die Orangenscheiben hineinlegen und bei mittlerer Hitze karamellisieren.

3 Den Fenchel putzen und in feine Scheiben hobeln. Mit Olivenöl und ¼ TL Salz mischen. Die Petersilie waschen, trocken schütteln und grob hacken. Die Granatapfelkerne auslösen.

4 Zum Servieren je 1 Orangenscheibe auf einen Teller setzen und den Fenchel darauf verteilen. Die Petersilie auf dem Fenchel verteilen, alles mit Granatapfelkernen und Pistazien garnieren und Tupfer von der Pistazien-Creme dazusetzen.

MÖHRENNUDEL-SALAT

mit Erdnüssen, Hummus und Maisscheiben

FÜR 4 PERSONEN

Für den Möhren-nudel-Salat

- 50 g Pinienkerne
- 1 ½ EL Kokosöl
- 280 g Mais (Dose)
- 2 EL Sojasauce
- ½ TL Cayennepfeffer
- 200 g Sprossen (z. B. Mungobohnen, Rettich, Alfalfa)
- 1 Bund glatte Petersilie
- 1 Bund Koriandergrün
- 50 g geröstete und gesalzene Erdnusskerne
- ½ TL Himalayasalz (alternativ Meersalz)
- 1 TL Koriandersamen
- 1 EL Hefeflocken (nach Belieben)
- 1 Bio-Orange
- 500 g Möhren

SO GEHT'S

1 Für den Möhrennudel-Salat die Pinienkerne in einer Pfanne ohne Fett rösten, dann in eine große Schüssel geben. In der Pfanne ½ EL Kokosöl erhitzen und den Mais darin bei mittlerer Hitze 2–3 Minuten anrösten, mit Sojasauce ablöschen und mit ¼ TL Cayennepfeffer würzen. Kurz reduzieren lassen, dann den Mais zu den Pinienkernen in die Schüssel geben.

2 Die Sprossen, Petersilie und Koriander waschen und trocken schütteln. Petersilie und Koriander mitsamt den Stielen hacken, dann mit den Sprossen und den Erdnüssen ebenfalls in die Schüssel geben. Den Salat mit ½ TL Salz, zerstoßenen Koriandersamen und, nach Belieben, Hefeflocken sowie dem restlichen Cayennepfeffer würzen. Wer es gern scharf mag, kann auch gern mehr Cayennepfeffer verwenden. Die Bio-Orange waschen und die Schale in den Salat fein reiben.

3 Die Möhren putzen, evtl. schälen und mithilfe eines Spiralschneiders in Spiralnudeln schneiden. In einer Pfanne 1 EL Kokosöl erhitzen und die Möhrenspiralen darin 1 Minute andünsten. Mit Himalayasalz würzen. Die Möhrennudeln zum Salat geben und alles gut vermischen.

WEITER GEHT'S AUF DER NÄCHSTEN SEITE

Für den Hummus

- ½ Zitrone
- 260 g Kichererbsen (Dose)
- 65 ml Olivenöl
- Salz
- ½ TL gemahlener Kreuzkümmel
- 1 EL Tahin (Sesammus)

Für die Maisscheiben

- 1 TL Kokosöl
- 1 Maiskolben (vorgekocht)
- ½ TL rosenscharfes Paprikapulver
- Himalayasalz (alternativ Meersalz)

Außerdem

- Spiralschneider

4 Für den Hummus die Zitrone auspressen. Die Kichererbsen mit Olivenöl, 3 EL Wasser, Salz, Kreuzkümmel, Tahin und Zitronensaft zu einer glatten Creme mixen.

5 Für die Maisscheiben das Kokosöl in einer Pfanne erhitzen und den Maiskolben darin von allen Seiten scharf anrösten. Mit Paprikapulver und ½ TL Salz würzen. Herausnehmen und in 8 Scheiben schneiden.

6 Den Salat mit dem Hummus auf Tellern anrichten, mit je 2 Maisscheiben garnieren und servieren.

WEIHNACHTLICHE
Bliss Balls mit Orangenschale

FÜR 4 PERSONEN

Für die Bliss Balls
- 120 g Haselnusskerne
- 1 Bio-Orange
- 90 g getrocknete Datteln (ohne Kern)
- 2 EL Backkakao
- 1 TL Ahornsirup
- 1 TL gemahlener Zimt
- 1 ½ TL Lebkuchengewürz
- Salz

Zum Garnieren
- 50 g Zartbitterkuvertüre
- 1 TL kandierter Ingwer
- 1 TL getrocknete Blüten
- 2 EL Backkakao
- 1 TL Kokosraspel

SO GEHT'S

1 Die Haselnüsse in einer Pfanne ohne Fett wenige Minuten unter gelegentlichem Rühren rösten. Die Orange waschen, die Schale fein abreiben. Haselnüsse mit Datteln, Kakaopulver, Ahornsirup, Zimt, Lebkuchengewürz, 1 Prise Salz und Orangenschale in einen Hochleistungsmixer geben und zu einer homogenen Masse mixen. Die fertige Masse mit den Händen zu kleinen Bällchen formen.

2 Die Bällchen kann man pur genießen, in verschiedenen Pulvern wälzen oder mit Schokolade überziehen.

3 Zum Garnieren die Kuvertüre über einem Wasserbad schmelzen und den Ingwer hacken. Die Hälfte der Bliss Balls in die Kuvertüre tauchen. Auf einen mit Backpapier belegten Teller setzen. Mit Ingwer oder Blüten garnieren, solange die Schokolade noch weich ist. Von den verbliebenen Bliss Balls wiederum die Hälfte in Kakaopulver wälzen, einen kleinen Klecks der restlichen Kuvertüre darauf setzen und mit Blüten oder Ingwer garnieren. Den Rest der Bällchen in Kokosraspeln wälzen.

4 Die Bällchen halten sich in einem verschlossenen Gefäß einige Tage im Kühlschrank.

TIPP

Man kann die Bliss Balls nach Lust und Laune abwandeln. Beispielsweise kann man statt der Haselnüsse auch andere Nüsse nehmen. Auch bei den Gewürzen kann man wunderbar experimentieren. Ingwer eignet sich prima. Und statt des kandierten Ingwers kann man natürlich auch andere kandierte Früchte verwenden.

BIRNE-SALBEI-DRINK

mit Champagner

FÜR 4 PERSONEN

Für den Sirup (etwa 130 ml)

- 500 g Birnen
- 2 große Stängel Salbei
- 90 g Vollrohrzucker

Zum Servieren

- Eiswürfel
- 0,75 l Champagner (eisgekühlt)
- einige Salbeiblätter

SO GEHT'S

1 Die Birnen waschen und in grobe Stücke schneiden. Den Salbei waschen. Birnen und Salbei mit 1 l Wasser in einen Topf geben, abgedeckt einmal aufkochen und ungefähr 30 Minuten sanft weiterköcheln lassen.

2 Den entstandenen Saft durch ein Sieb gießen, um die festen Bestandteile zu entfernen und den Saft auffangen. Den Birnensaft erneut in einen Topf geben und mit dem Zucker etwa 35 Minuten bei mittlerer Hitze zu einem Sirup einköcheln lassen. Den Sirup noch heiß in ein sauberes Glasgefäß gießen, abkühlen lassen und im Kühlschrank aufbewahren.

3 Zum Servieren Eiswürfel in die Gläser geben, etwas Sirup hineingießen, je nach Geschmack mit Champagner oder Wasser aufgießen und mit zerpflückten Salbeiblättern dekorieren.

MENÜ FÜR GROSS & KLEIN

Weihnachten ist ein Fest für die ganze Familie. Doch es ist nicht immer einfach, Gerichte zu finden, die Groß und Klein gleichermaßen zufriedenstellen – und wer mag schon zwei Menüs kochen? Dieses hier trifft den Geschmack von kleinen Kindern ebenso wie den ihrer Eltern und Großeltern.

VORSPEISE

Weihnachtsbaum-Pizza mit Spinat-Füllung

HAUPTGANG

Rinderbraten auf Kräuterspätzle und Rotkraut
Käse-Kräuterspätzle für die Kinder

DESSERT

Lebkuchen-Pudding mit Spekulatiusbröseln

GETRÄNK

Pflaumen-Anis-Limo (mit Champagner)

Menü-Variation

In eurer Familie gibt es keine Puddingfans? Dann probiert doch einfach ein anderes Dessert aus diesem Buch aus oder verwöhnt eure Gäste gar mit einer Dessert-Variation. Alle Desserts sind auch einfach kinderfreundlich zuzubereiten.

FÜR EIN PERFEKTES TIMING

AM VORTAG

1. Für den Hauptgang den Rinderbraten mit Weihnachtssauce zubereiten. Das Fleisch in der Sauce im Kühlschrank aufbewahren.
2. Für das Dessert den Lebkuchen-Pudding zubereiten, im Kühlschrank aufbewahren.

AM FESTTAG

1. Die Pflaumen-Anis-Limo zubereiten und im Kühlschrank aufbewahren.
2. Die Kräuterspätzle für den Hauptgang zubereiten und im Kühlschrank aufbewahren.
3. Den Pizzateig für die Vorspeise zubereiten und im Kühlschrank aufbewahren.
4. Die Spinat-Füllung für die Vorspeise zubereiten.

1–2 STUNDEN VORHER

1. Das Rotkraut für den Hauptgang zubereiten und kühl aufbewahren.
2. Die Spekulatiusbrösel für das Dessert rösten und luftdicht verschlossen aufbewahren.
3. Kurz bevor die Gäste kommen: Den Weihnachtsbaum zusammenstellen und backen. Er sollte noch lauwarm sein, wenn er zum Drink serviert wird.

À LA MINUTE

1. Wenn die Gäste da sind: Den Drink aufgießen – für die Kinder mit Mineralwasser, für die Erwachsenen mit Champagner – und servieren.
2. Zum Drink die Weihnachtsbaum-Pizza servieren.
3. Für den Hauptgang den Rinderschmorbraten sanft in der Sauce erwärmen.
4. Währenddessen die Kräuterspätzle in Butter schwenken und die Käse-Kräuterspätzle für die Kinder zubereiten.
5. Den Lebkuchen-Pudding aus dem Kühlschrank nehmen, damit er sich auf Zimmertemperatur erwärmt.
6. Den Hauptgang (Rinderbraten, Weihnachtssauce, Kräuterspätzle, Rotkraut, Käse-Kräuterspätzle für die Kinder) anrichten und servieren.
7. Für das Dessert die Spekulatiusbrösel anrösten.
8. Das Dessert (Lebkuchen-Pudding, Spekulatiusbrösel) anrichten und servieren.

WEIHNACHTSBAUM-PIZZA

mit Spinat-Füllung

FÜR 4–8 PERSONEN (ALS SNACK ZUM APERITIF)

Für den Pizzateig

- 450 g Mehl (Type 405)
- 1 Würfel frische Hefe (42 g)
- 2 EL Zucker
- Salz
- 2 EL Olivenöl

Für die Spinat-Füllung

- 250 g TK-Spinat
- 2 Knoblauchzehen
- Salz
- 2 EL Crème fraîche
- 3 EL geriebener Parmesan
- 50 g Cheddar
- 2 EL Olivenöl

SO GEHT'S

1 Für den Pizzateig das Mehl in eine große Schüssel füllen, eine Kuhle in der Mitte formen, 200 ml lauwarmes Wasser hineingießen, die Hefe hineinbröseln und den Zucker dazugeben. Mit einer kleinen Menge Mehl in der Kuhle zum Vorteig rühren und 15 Minuten abgedeckt stehen lassen, bis die Hefe Blasen wirft. Weitere 50 ml lauwarmes Wasser, 1 TL Salz und Olivenöl dazugeben und nun den gesamten Schüsselinhalt zu einem glatten Teig rühren. Den Teig auf einer leicht bemehlten Fläche noch kurz mit den Händen kneten und dann in einer abgedeckten Schüssel 2 Stunden an einem warmen Ort gehen lassen.

2 Den Ofen auf 180 °C (Umluft) aufheizen. Ein Backblech mit Backpapier auslegen.

3 Für die Füllung den Spinat in einen Topf geben und langsam erhitzen. Den Knoblauch schälen und fein hacken. Zum Spinat geben und mitdünsten. Mit ½ TL Salz, Crème fraîche und Parmesan abschmecken.

WEITER GEHT'S AUF DER NÄCHSTEN SEITE

4 Den Teig in 2 Kugeln aufteilen und beide dünn auf einer bemehlten Fläche ausrollen. Mit einem Teigrad in 2 gleich große Dreiecke schneiden. Eines der Dreiecke auf das Backblech legen. Die Teigreste noch einmal kurz durchkneten, wieder ausrollen und 2 Rechtecke von 8–10 cm Länge als Stämme formen. Einen der Stämme unten an eines der Dreiecke ansetzen und leicht andrücken. Die Spinat-Füllung auf dem Dreieck und dem Stamm verteilen. Den Cheddar reiben und über die Füllung streuen. Mit dem zweiten Teig-Dreieck und einem zweiten Stammstück abdecken. Das Dreieck von rechts und links auf gleicher Höhe bis etwa 5 cm vor der Mitte mehrfach einschneiden, sodass in der Mitte ein Stamm entsteht, die Teigstreifen bilden die Äste. Die Äste vorsichtig mehrfach um sich selbst drehen. Mit Olivenöl beträufeln und im Ofen (Mitte) etwa 20 Minuten goldgelb backen. Warm oder lauwarm servieren.

RINDERBRATEN

mit Rotkohl und (Käse-)Kräuterspätzle

FÜR 4 PERSONEN

Für den Rinderschmorbraten

- 1kg Rinderschmorbraten
- 750 g Suppengemüse
- 1 TL Olivenöl
- 2 Zimtstangen
- 8 Pimentkörner
- 4 Sternanis
- 10 Nelken
- 1 TL Lebkuchengewürz
- 1 ½ EL Tomatenmark
- 100 ml Ketjap Asin
- 1,6 l Rinderbrühe

SO GEHT'S

1 Das Rindfleisch in 4 dicke Scheiben schneiden. In einem sehr großen Topf von allen Seiten ohne Fett scharf anbraten, dann herausnehmen. Das Gemüse waschen, putzen, in Stücke schneiden und in den Topf geben. Mit etwas Öl anrösten, anschließend Gewürze hinzufügen und kurz mitrösten. Tomatenmark hinzugeben und unter Rühren nochmals 1 Minute rösten. Mit Ketjap Asin ablöschen und etwas reduzieren. Die Brühe angießen, die Medaillons hineinlegen und bei geschlossenem Deckel 3–4 Stunden weich schmoren. Das Fleisch sollte butterweich sein, aber gerade noch nicht auseinanderfallen. Das Fleisch herausnehmen, die Schmorflüssigkeit durch ein Sieb passieren, dabei das Gemüse ausdrücken. Die Flüssigkeit wieder in den Topf geben und bei hoher Hitze offen auf die Hälfte reduzieren. Das Fleisch hineinlegen. Wird es direkt serviert, sofort sanft erhitzen, bis das Fleisch warm ist. Ansonsten abgedeckt im Kühlschrank lagern.

2 Während das Fleisch schmort, für die Kräuterspätzle die Kräuter waschen, trocken schütteln und mit 40 ml Milch in einen hohen Becher geben. Mit dem Stabmixer pürieren. Mehl, Eier, Kräutermilch, die restliche Milch (100 ml), 2 TL Salz und Muskatnuss in eine Schüssel geben und gut verrühren. 2 EL Butter zerlassen und in eine große Schüssel geben. In einem großen Topf Salzwasser zum Sieden bringen und eine Portion Teig durch die Spätzlepresse drücken. Die Spätzle sind gar, wenn sie an die Wasserober-

WEITER GEHT'S AUF DER NÄCHSTEN SEITE

Für die Spätzle

- 120 g gemischte Kräuter (z. B. Petersilie, Borretsch, Dill ...)
- 140 ml Milch
- 440 g Mehl (Type 405)
- 4 Eier (Größe M)
- Salz
- 1 Msp. frisch geriebene Muskatnuss
- 4 EL Butter
- je 40 g Parmesan und Cheddar

Für den Rotkohl

- 100 g Rotkohl
- 1 TL Olivenöl
- ¼ TL Salz

Außerdem

- Spätzlepresse

fläche steigen. Herausnehmen und in die Schüssel mit der Butter geben. So weiter verfahren, bis alle Spätzle zubereitet sind. Für die Käsespätzle den Parmesan und den Cheddar reiben.

3 Den Rotkohl in sehr feine Streifen schneiden oder hobeln. Mit Olivenöl und Salz vermengen.

4 Vor dem Servieren die restliche Butter (2 EL) in einer Pfanne zerlassen und die Hälfte der Spätzle nochmal kurz darin schwenken. Auf Teller geben, die Rindermedaillons darauf setzen und mit der Sauce beträufeln. Den Rotkohl auf das Fleisch geben und servieren.

5 Für die Kinder den Parmesan und den Cheddar reiben. Die zweite Hälfte der Spätzle in einer Pfanne mit Butter schwenken und mit den beiden Käsesorten bestreuen. Durchrühren, bis der Käse geschmolzen ist und sofort servieren.

LEBKUCHEN-PUDDING
mit Spekulatiusbröseln

FÜR 4 PERSONEN

Für den Pudding
- 3 EL Maisstärke
- 600 g Sahne
- 100 g Zartbitter-schokolade (mind. 70 % Kakaogehalt)
- 100 g Zucker
- 1 EL Backkakao
- 1 TL Lebkuchengewürz
- Salz

Für die Brösel
- 40 g Spekulatius
- 1 EL Butter

SO GEHT'S

1 Für den Pudding die Stärke mit 100 g Sahne verrühren. Die Schokolade grob hacken. Die restliche Sahne (500 g), Zucker, Kakaopulver, gehackte Schokolade, Lebkuchengewürz und 1 Prise Salz in einem Topf erhitzen und unter Rühren vorsichtig aufkochen lassen.

2 Die angerührte Stärke in den Topf geben, dabei stetig weiterrühren. Etwa 2 Minuten köcheln lassen, dann vom Herd nehmen. Den Pudding in 4 kleine Gläser gießen und im Kühlschrank mindestens 2 Stunden auskühlen lassen.

3 Die Spekulatius in einen Gefrierbeutel geben und beispielsweise mit dem Fleischklopfer zu groben Bröseln verarbeiten. Die Butter in einer Pfanne zerlassen und die Keksbrösel darin anrösten. Anschließend auf einem Teller ausgebreitet auskühlen lassen.

4 Den Lebkuchen-Pudding mit den Spekulatiusbröseln bestreuen und servieren.

PFLAUMEN-ANIS-LIMO

mit Champagner

FÜR 4 PERSONEN

Für etwa 800 ml
- 1kg Pflaumen
- 1 Zimtstange
- 4 Sternanis
- 2 EL Rohrzucker
- 2 große Zitronen
- Mineralwasser (nach Belieben)
- 0,75 l Champagner (eisgekühlt)

SO GEHT'S

1 Die Pflaumen, waschen, vierteln und entkernen. Mit 1 l Wasser, den Gewürzen und dem Zucker in einen Topf geben, aufkochen und 10 Minuten sanft köcheln lassen. Dann durch ein Sieb in einen zweiten Topf passieren, dabei die Pflaumen leicht ausdrücken. Die Zitronen auspressen. Den Pflaumensaft mit dem Zitronensaft nochmals aufkochen, 5 Minuten köcheln und dann abkühlen lassen.

2 Die Pflaumen-Anis-Limo können die Kinder pur oder mit Mineralwasser verdünnt trinken und die Erwachsene,n je nach Wunsch, im Verhältnis 1:3 mit Champagner aufgießen.

IMPRESSUM

Bibliografische Information der Deutschen Bibliothek.

Die Deutsche Bibliothek verzeichnet diese Publikation in der Deutschen Nationalbibliografie.

Detaillierte bibliografische Daten sind im Internet über http://www.dnb.de/ abrufbar.

EIN BUCH DER EDITION MICHAEL FISCHER

2. Auflage 2021

Reihengestaltung: Yvonne Witzan

Satz: Luca Feigs

Projektleitung und Lektorat: Carina Baier

Texte, Rezepte und Fotografie: Katharina Küllmer, Kassel

ISBN 978-3-7459-0745-2

Gedruckt bei Polygraf Print, Čapajevova 44, 08001 Prešov, Slowakei

www.emf-verlag.de